NOTE SUR LA PROTECTION

CONTRE

LES GAZ ASPHYXIANTS

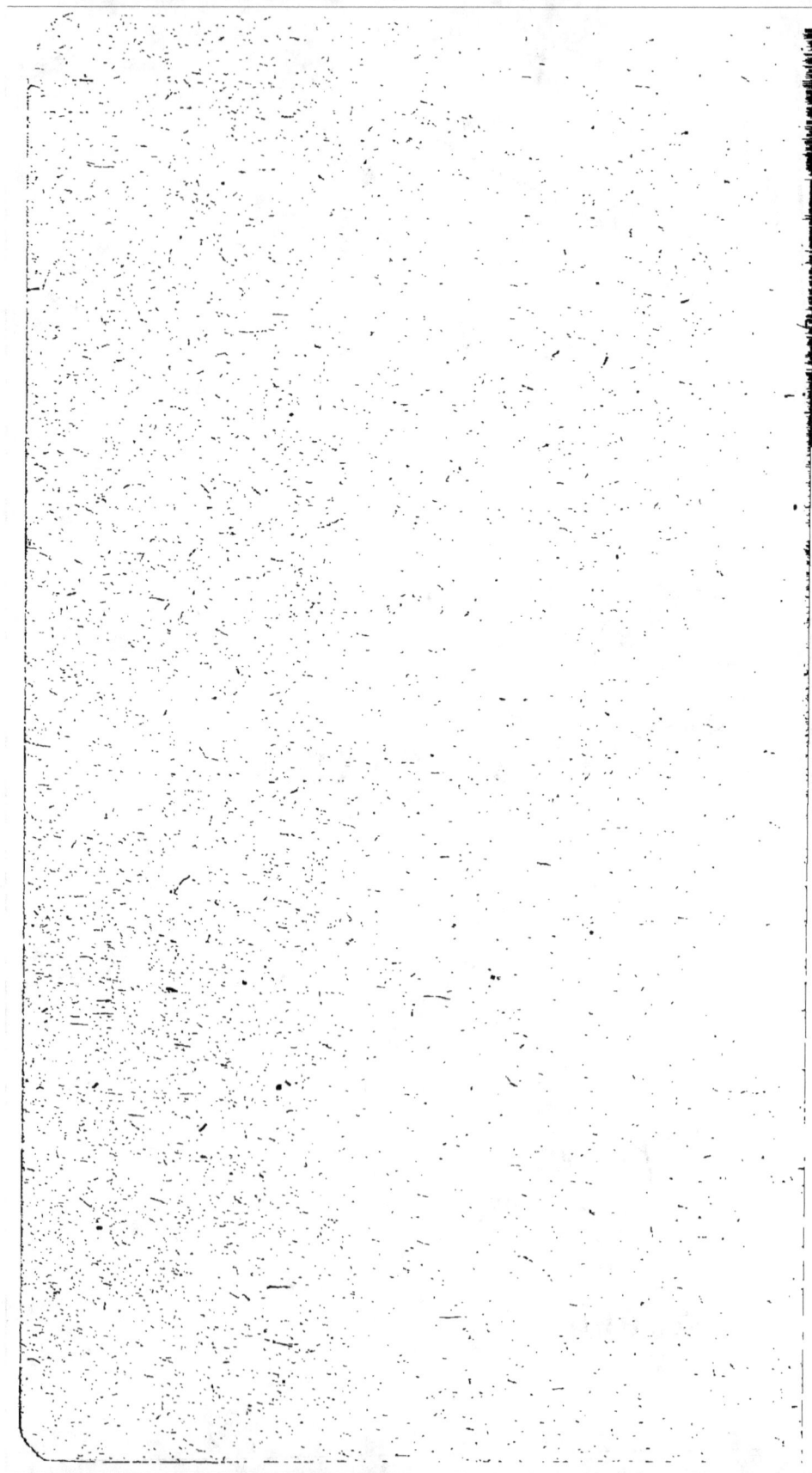

QUARTIER GÉNÉRAL

DES

ARMÉES DE L'EST.

ÉTAT-MAJOR.

1ᵉʳ BUREAU.

1ᵉʳ avril 1916.

NOTE SUR LA PROTECTION

CONTRE

LES GAZ ASPHYXIANTS.

CHAPITRE PREMIER.

MOYENS DE PROTECTION.

I

APPAREILS DE PROTECTION INDIVIDUELLE.
CARACTÉRISTIQUES ET MODE D'EMPLOI.

Les appareils individuels de protection sont :

A. — Les lunettes ;

B. — Le masque T N ;

C. — Le masque M 2 ;

D. — Les appareils Draeger et les appareils à oxylithe.

Tous les autres appareils qui ont été mis en service et qui pourraient se trouver encore entre les mains des hommes, comme engins de réserve (tampons P 2 à 3 compresses, tampons ricinés ou hyposulfités, cagoules diverses, etc.), doivent être retirés et réformés d'urgence. Les appareils réformés de toute nature doivent être renvoyés à l'arrière.

Les masques T N et M 2 ayant une durée d'efficacité de plusieurs heures, il ne doit plus être distribué à chaque homme, pour éviter tout gaspillage, qu'un jeu d'appareils (masque T N et lunettes, ou masque M 2); mais des réserves doivent être constituées dans les conditions indiquées plus loin (§ VIII) pour permettre les remplacements immédiats.

A. — Lunettes.

Les lunettes réglementaires sont de trois types :

a) Les *lunettes ordinaires*, en étoffe molletonnée, à vitres en composition spéciale.

b) Les *lunettes caoutchouc*, à vitres en composition spéciale ou en verre. Ces lunettes ont l'avantage de permettre le remplacement des vitres. Dans l'artillerie, les hommes possesseurs d'emplois spéciaux (pointeurs, etc.) doivent toujours être munis de lunettes de ce type.

Ces deux types de lunettes forment loup et sont munis à leur base d'un fil de fer ou d'une lame métallique *souple* qui doit être modelé *sur le nez* et non pas sur le front.

Les lunettes, qui forment le complément indispensable du masque T N, doivent se mettre sur la peau avant le masque.

Le ricinage ou le graissage des étoffes des lunettes est interdit.

c) Les *lunettes pneumatiques* : l'étanchéité est assurée par un bourrelet en caoutchouc, mais n'est pas toujours aussi satisfaisante vis-à-vis des lacrymogènes que dans les lunettes caoutchoutées. Ces lunettes doivent être associées spécialement aux appareils Draeger ou à oxylithe.

Pour éviter la formation de la buée sur les oculaires des lunettes, la matière transparente devra être passée au *crayon anti-buée* à l'exclusion de tout autre produit. (Voir en annexe la notice sur l'emploi du crayon anti-buée.)

Toutefois, dans les lunettes en caoutchouc, l'emploi des *vitres anti-buée* supprime l'usage du crayon. Ces vitres se distinguent des vitres ordinaires par leur monture. Les premières sont enchâssées dans une bague en aluminium à *bords dentelés;* les secondes dans une bague à bords lisses.

B. — Masque T N.

Se reporter aux notices spéciales sur cet engin et sur la modification à apporter aux premiers masques distribués pour accroître la rapidité de leur mise en place, reproduites en annexe.

Le mouillage du masque est formellement interdit.

Les masques sont distribués aux hommes dans des enveloppes triangulaires, destinées à empêcher une dessiccation trop rapide. Ces enveloppes *ne sont pas toujours imperméables.*

Le masque dans son enveloppe, et les lunettes, doivent être enfermés dans un sachet imperméable ou dans un étui métallique.

Quand on craint une attaque par les gaz, le masque doit être porté autour du cou, en position d'attente, en le laissant enfermé dans son enveloppe triangulaire pour éviter sa détérioration

En ce qui concerne l'ajustage de l'appareil, il convient d'appeler l'attention des hommes sur la nécessité du serrage de la coulisse sous-maxillaire, et sur les inconvénients de chercher à améliorer sa mise en place par l'adjonction d'un mouchoir formant margoulette.

D'autre part, il est essentiel que la lame métallique souple, qui doit permettre à l'appareil de se mouler exactement sur le visage, soit appliquée sur les parois osseuses et non sur les ailes du nez. Sans cela la respiration est gênée par la compression des orifices respiratoires.

Ces masques sont distribués de préférence à l'artillerie et en général aux troupes qui peuvent compter sur un certain délai pour revêtir les engins de protection.

C. — Masque M 2.

Se reporter à la Notice Spéciale sur cet appareil, reproduite en annexe.

Le mouillage du masque est formellement interdit.

La matière des plaques transparentes ne prenant pas la buée, l'usage du crayon anti-buée est inutile.

La bonne application du masque nécessite une tension convenable du ruban médian vers l'arrière. Sa longueur doit être réglée d'avance au moyen d'une épingle de sûreté.

Quoique d'une seule taille, les masques M 2 ne sont pas tous de dimensions identiques. Il conviendra donc, lors de la distribution de ces engins, de les faire essayer par les hommes, qui les choisiront suivant la conformation de leurs visages. Dans le cas exceptionnel où, par suite d'une conformation particulière, l'homme ne trouverait pas un masque s'adaptant parfaitement à son visage, il devrait être doté d'un masque T N et de lunettes.

Ces masques sont destinés surtout aux troupes d'infanterie qui peuvent avoir à subir une attaque presque instantanée par les gaz.

Ils sont livrés aux troupes dans des étuis métalliques.

Remarques importantes.

I. — La barbe empêchant l'application convenable du masque, et par suite une protection complète, son port devra

2

être rigoureusement proscrit; à moins qu'elle ne soit maintenue courte, et rasée sur la surface d'appui du masque.

II. — Toutes modifications aux masques, qui n'auraient pas été autorisées par le Général en Chef sont *formellement interdites*.

III. — Les masques du commerce n'ayant aucune efficacité, leur emploi est rigoureusement interdit.

IV. — Il est indispensable que l'homme se rende personnellement compte que pour être convenablement protégé, il doit avoir parfaitement adapté son appareil à sa figure par le réglage préalable des élastiques ou des coulisses dont sont munis les masques.

Port des appareils individuels. — Le personnel (Officiers et troupes) qui peut se trouver soumis à une attaque aux gaz par vagues ou par obus, doit, quelle que soit sa tenue, être *toujours* porteur de son appareil de protection.

Il est du devoir des officiers à tous les degrés de la hiérarchie de donner l'exemple et de réprimer toute infraction à la prescription ci-dessus.

Les gaz pouvant avoir encore une action nocive à grande distance des premières lignes, le Commandement fixera la zone à l'intérieur de laquelle *tous* devront être constamment munis de leur appareil de protection.

B. — Appareils Draeger et à oxylithe.

La description et le fonctionnement des appareils font l'objet de notices spéciales, reproduites en annexe.

Ces appareils, qui donnent une protection absolue, quelles que soient la nature et la concentration de l'atmosphère gazeuse, étaient jusqu'à présent réservés aux hommes occupant dans les tranchées des postes spéciaux (mitrailleurs, observateurs, etc.). Ils peuvent être avantageusement remplacés par les masques T N et M 2, dont la durée d'efficacité est beaucoup plus grande, mais trouvent encore leur emploi dans des cas spéciaux, tels que: opérations de sauvetage, pénétration dans des galeries de mines envahies par les gaz, ou pour des travaux exigeant un grand effort physique.

En tous cas, et en raison de leur durée d'efficacité limitée, tout homme appelé à s'en servir devra être muni d'un masque TN ou M 2 pour servir de rechange après épuisement de l'appareil, et avoir été préalablement exercé en chambre chlorée à la substitution de l'un à l'autre.

Précautions à prendre. — Il est interdit de se servir des appareils, en dehors des attaques, sous prétexte de les essayer; on épuiserait ainsi les bouteilles d'oxygène, ou les cartouches, et les appareils seraient inutilisables au moment du besoin.

Les appareils comportent d'ailleurs des dispositifs destinés à en empêcher l'emploi abusif (capuchon en fer-blanc plombé, embouchure en papier de cellulose, etc... Voir en annexe la note sur le contrôle des appareils Draeger).

Les engins devront être vérifiés périodiquement par les soins du Service désigné par le Commandement, conformément aux prescriptions de la note n° 14,618 du 25 janvier 1916.

Appareils Draeger. — Leur durée d'efficacité ne dépasse pas une heure, en fonctionnement normal, lorsque la pression initiale dans la bouteille d'oxygène est de 150 kilogs.

Elle peut être notablement inférieure dans les cas où la pression initiale est moindre.

Appareils à oxylithe. — Ces appareils, dont un certain nombre est encore en service, mais qui ne sont plus distribués aux armées, donnent également une protection de durée limitée (30 minutes); ils sont d'un emploi moins aisé et moins régulier que les Draeger.

La désinfection des embouchures en caoutchouc de ces engins doit être soigneusement effectuée, après toute mise en service, par les soins du Service de Santé.

II

PROTECTION COLLECTIVE.

La protection collective est assurée au moyen soit d'engins ou de procédés spéciaux tendant à diminuer la concentration de l'atmosphère en gaz nocifs, soit d'installations susceptibles de mettre le personnel plus ou moins complètement à l'abri des gaz.

A. — Engins spéciaux. — Pulvérisateurs.

Les pulvérisateurs sont de divers modèles, les uns en cuivre, les autres en tôle. La description et le mode d'emploi de chaque type sont donnés dans des Notices spéciales accompagnant les appareils.

Ils servent à pulvériser une solution ayant la composition suivante :

Hyposulfite de soude cristallisé..............	0 k. 220
Carbonate de soude cristallisé...............	0 k. 475
ou	
Carbonate de soude Solvay..................	0 k. 175
Eau......................................	un litre.

Cette solution peut être réalisée en volumes en mettant dans un baquet :

9 gamelles d'eau ;

2 gamelles 1/2 de carbonate Solvay ;

2 gamelles d'hyposulfite ;

les 2 gamelles 1/2 de carbonate Solvay pouvant être remplacées par 6 gamelles 1/2 de carbonate cristallisé.

Nota. — Les pulvérisations d'eau ammoniacale sont à proscrire.

Les appareils en question sont très fragiles et pour fonctionner convenablement au moment voulu, doivent être constamment maintenus en bon état d'entretien. En particulier, quand l'appareil ne sert pas, l'extrémité de l'ajutage doit être toujours recouverte d'une coiffe destinée à empêcher l'obstruction par des corps étrangers.

Les solutions doivent être préparées *à l'avance* et avec de l'eau propre. Une eau souillée, ou contenant des dépôts (débris divers, terre, etc.) risquerait de détériorer l'appareil ou de l'engorger. Elles seront conservées dans des récipients spéciaux, uniquement réservés à cet usage, bouchés ou couverts, et ne seront versées dans les pulvérisateurs qu'au moment de l'emploi. Des dispositions seront prises pour que les solutions et les récipients destinés à les contenir ne soient pas salis par les hommes.

En cas d'abaissement notable de la température (au-dessous de — 3°) on prendra des mesures pour éviter la congélation des solutions. Si la température n'est pas trop basse, on pourra, par exemple, entourer les récipients ou les pulvérisateurs de paille ou d'étoffe, et on les mettra autant que possible à l'abri. L'adjonction de substances spéciales pour abaisser le point de congélation n'a pas donné jusqu'ici de bons résultats.

Tout appareil ayant contenu de la solution devra être rincé à l'eau

Le plus grand soin doit d'ailleurs être apporté au maintien en parfait état de ces appareils, qui doivent être tenus toujours très propres.

Les défauts de fonctionnement parfois signalés au cours d'attaques sont beaucoup plus imputables au mauvais entretien des appareils qu'à l'action des gaz.

Utilisation des pulvérisateurs. — *Ces appareils ne sont pas destinés à neutraliser la vague dans la tranchée au cours d'une attaque.* Employés dans ce but, ils n'auraient qu'une efficacité illusoire, et l'épuisement des réserves de solution laisserait la troupe démunie de tout moyen d'assainissement après l'attaque.

Au cours d'une attaque par les gaz, ils serviront dans les abris à entrée protégée, à neutraliser les gaz pouvant filtrer à travers les interstices des toiles de barrage, à maintenir les toiles non imperméables dans un état constant d'humidité et le cas échéant, à assainir des abris accidentellement envahis par les gaz.

Après l'attaque par gaz on s'en servira pour assainir les abris, les postes de commandement, et les tranchées.

Autant que possible, les pulvérisateurs devront être manœuvrés par des hommes spécialement exercés à leur maniement et connaissant les conditions dans lesquelles on doit les employer.

B. — Procédés spéciaux : Barrages de feux. — Pétards de poudre noire. — Tirs. — Foyers.

Ces procédés n'ont sur la vague, *même dans des circonstances favorables, qu'une action très relative*, et doivent simplement venir en aide aux moyens de protection individuels, *les seuls véritablement efficaces.* C'est au début de l'attaque qu'ils seront le plus précieux. Il faut donc qu'ils puissent être mis en œuvre aussi rapidement que possible.

D'ailleurs, leur effet étant essentiellement momentané, leur emploi devrait être prolongé pendant toute la durée de la vague, ce qui sera rarement possible.

Barrages de feux. — On peut protéger les tranchées, *dans une certaine mesure et si les conditions sont favorables*, par l'emploi de barrages de feux constitués par la combustion de matériaux donnant des flammes hautes et chaudes et le moins de fumée possible. Leur effet étant de soulever la vague au passage, leur action est essentiellement locale ; elle sera généralement d'autant plus sensible que la vague sera plus diluée et le vent moins violent. — Le barrage devra être préparé sur le parapet de la tranchée ou immédiatement en avant ; il sera avantageusement doublé par un deuxième barrage placé sur le revers de la tranchée, et le plus près possible du premier (2 m. 50 à 4 mètres).

Pour constituer les feux, on emploiera de préférence des matériaux *secs* imbibés de pétrole, d'essence, ou de leurs dérivés, disposés d'avance, autant que possible à leur emplacement, et protégés contre les intempéries par un moyen quelconque.

Les mélanges combustibles à base de suif et de pétrole, n'ont qu'un effet extrêmement court et sont, d'autre part, d'un prix de revient élevé ; ils ne sont pas à recommander.

Les *engins incendiaires* devraient être employés en quantités telles qu'on ne peut pratiquement envisager leur emploi pour la constitution des barrages.

Pétards de poudre noire. — Tirs d'artillerie ou d'infanterie. — On ne peut espérer disloquer la nappe gazeuse, ou en réduire la nocivité d'une manière très appréciable, par l'emploi de pétards de poudre noire ou par le tir de projectiles explosifs ou chargés en poudre noire.

Les tirs d'infanterie (fusils ou mitrailleuses) n'ont sur les vagues aucune action réelle.

Foyers isolés. — Des foyers dispersés, mais ardents, établis dans le fond d'une tranchée facilitent l'assainissement des parties profondes, où les gaz ont une tendance à s'accumuler. On en pourra faire usage également pour protéger l'entrée de certains abris et des postes de commandement.

C. — Installations.

Abris. — Les gaz ayant une tendance à s'accumuler dans les fonds, le séjour dans les abris serait très dangereux, si ceux-ci n'étaient pas organisés pour empêcher les gaz d'y pénétrer. Par contre, munis des installations nécessaires, ces abris pourront servir à protéger le personnel contre les gaz.

A cet effet, leurs issues seront munies de toiles, ou de panneaux, disposés de façon à réaliser une fermeture immédiate et *hermétique*. Deux toiles, séparées par un intervalle, pouvant atteindre 1 mètre, et formant sas, donneront une protection satisfaisante.

Lorsqu'une attaque par les gaz est à prévoir, les toiles de fermeture des abris seront mis en place. L'aération sera assurée par de simples ouvertures pouvant s'obturer instantanément et qu'un veilleur par abri sera chargé de manœuvrer.

Les toiles pourront être, soit imperméabilisées à l'avance (paraffinage, applications d'huile de lin cuite, etc.), soit rendues neutralisantes, en cas d'attaque, par des pulvérisations d'hyposulfite. On peut également employer avantageusement des couvertures de troupe qu'on imprègnera, de temps en temps, au cours de l'attaque, avec la solution neutralisante.

Dans chaque abri, on devra placer au moins un pulvérisateur et un récipient fermé contenant de la solution neutralisante.

Des dispositions analogues seront réalisées pour les *abris à mitrailleuses,* dont il importe au plus haut point de protéger le personnel et l'armement.

Tranchées couvertes. — Dans les endroits où les circonstances locales sont favorables, on peut constituer dans les tranchées, et sur une longueur de quelques mètres, des abris donnant une protection au moins momentanée, en recouvrant au moment de l'attaque l'élément de tranchée au moyen d'une toile recouverte d'une peinture étanche, imperméable à l'eau.

Ce dispositif peut être réalisé à l'aide d'une toile de largeur et de longueur convenables, roulée à l'avance sur le bord du parapet, et qu'on déploie sur la tranchée au moment de l'alerte. Des perches supportent la toile de place en place.

Les issues sont fermées chacune soit par un double rideau placé à l'avance sur les perches de bout, soit par la toile abri, doublée, à cet effet, à ses extrémités sur une certaine longueur.

La toile doit être camouflée pour ne pas trancher sur le terrain environnant.

Un tel abri ne vaut que par la manière dont l'herméticité des joints a été réalisée. La toile de couverture devra donc être soigneusement garnie de terre sur ses deux bords, et les toiles d'extrémité fermant les issues ne devront pas laisser filtrer les gaz, latéralement ou par en-dessous. Les clayonnages, dont sont parfois garnies les tranchées, sont généralement un obstacle à une bonne herméticité.

Des pulvérisateurs, et, si possible, des appareils fournissant de l'oxygène pour régénérer l'atmosphère viciée par la respiration, devront obligatoirement compléter l'installation de ces tranchées couvertes.

Il ne faut pas s'exagérer la valeur de ces abris de circonstance, qui sont très inférieurs aux abris régulièrement établis; mais, mis en place dès le début d'une attaque, ils permettent aux hommes de placer leur masque sans affolement ou d'en rectifier l'application.

III

INSTRUCTION À DONNER AUX HOMMES.

L'instruction a pour but :

1° D'apprendre à l'homme à utiliser les appareils mis à sa disposition;

2° De lui donner confiance en le mettant au moins une fois dans les conditions de la réalité.

Elle doit être donnée dans toutes les unités, y compris les bataillons de travailleurs et les services et être soigneusement entretenue par des exercices fréquents, ayant lieu soit à l'air libre pour habituer l'homme au port prolongé des lunettes et du masque, soit en chambre chlorée.

Les troupes de renfort devront recevoir cette instruction, le plus tôt possible, après leur arrivée sur le front.

Chambre chlorée. — Les exercices de passage en chambre chlorée constituent la meilleure école pour montrer aux hommes le mode d'emploi des masques et appareils respiratoires, et vérifier leur degré d'instruction. *Tous, officiers et hommes,* doivent subir l'épreuve en chambre chlorée; un contrôle sérieux des passages devra être exercé.

Les hommes appelés à se servir des appareils respiratoires (Draeger ou à oxylithe) devront être seuls exercés à l'emploi de ceux-ci. Ils devront, en particulier, être entraînés à substituer rapidement le masque à l'appareil respiratoire.

Les pulvérisateurs doivent être mis autant que possible entre les mains d'hommes désignés à l'avance et connaissant la manière de s'en servir et *les conditions de leur emploi*, des exercices spéciaux concernant ces appareils devront être prévus.

L'instruction est donnée par le Service de Santé sous la responsabilité du Commandement à tous les échelons de la hiérarchie.

IV

SURVEILLANCE DU MATÉRIEL.

La surveillance des appareils individuels appartient aux Commandants d'unité. Le capitaine tient la main à ce que ses hommes aient leur masque en aussi bon état que leurs fusils et ne s'en démunissent jamais.

Le médecin doit assister le capitaine dans ses revues d'appareils, d'après les ordres donnés par le Chef de Bataillon ou le Colonel. Dans ces revues on prescrit et on effectue les remplacements nécessaires.

Tout appareil (lunettes ou masques) en mauvais état doit être *immédiatement* remplacé.

La surveillance du matériel collectif est mieux assurée si on organise des équipes spéciales pour leur entretien. Le Médecin Divisionnaire est le plus qualifié pour s'assurer, d'après les ordres du Général du Division, que le matériel est toujours en état de fonctionner.

En résumé, dans la tranchée ou au repos, l'échelon de surveillance le plus sûr paraît être celui du Bataillon pour les appareils individuels, et celui de la Brigade ou du Commandement de Secteur pour les appareils collectifs.

V

ALERTES ET REVUES.

L'instruction de la troupe est vérifiée par le Commandement au cours d'alertes de jour et de nuit. Ces alertes ne peuvent être prescrites que par le Général Commandant d'Armée ou les généraux qui en auront reçu délégation.

L'état du matériel individuel est constaté au cours de revues qui seront passées de préférence dans les cantonnements de repos.

VI

MESURES DIVERSES.

En cas d'attaque par les gaz (bombardement ou vagues) et quelle qu'en soit l'importance :

Prévenir directement le centre médico-légal dans le secteur duquel se trouve l'Armée.

Faire fonctionner les appareils à prélèvements de gaz et les appareils Kling qui se trouvent dans la zone intéressée (la personne chargée de mettre en marche les appareils aura dû être désignée à l'avance).

Aucun essai ne devra être fait sur les appareils Kling.

VII

PRÉCAUTIONS À PRENDRE POUR LES POPULATIONS CIVILES.

Les Commandants de cantonnement, jusqu'à une dizaine de kilomètres du front, feront appliquer les mesures prescrites par le Commandement pour la protection des populations civiles.

Des tampons ou des masques sortis des réserves pourront d'ailleurs leur être attribués. L'instruction nécessaire leur sera donnée dans les conditions fixées par le Commandement.

VIII

RÉSERVES À CONSTITUER.

Des réserves de matériel seront constituées pour parer aux besoins urgents ; elles seront échelonnées depuis les trains de combat des bataillons jusqu'aux D. E. S. (y compris des dépôts de tranchées), suivant la répartition fixée par le Commandement.

Elles comprendront dans chaque Armée :

Des appareils individuels, lunettes et masques (ceux-ci à raison de 50 p. 100 de l'effectif total de l'Armée) ;

Des pulvérisateurs ;

De l'hyposulfite et du carbonate de soude;

Des appareils à oxygène et des tubes à oxygène.

CHAPITRE II.

DÉFENSE CONTRE LES ATTAQUES PAR GAZ.

Les attaques par gaz de la part de l'ennemi peuvent être faites:

1° Par vagues;

2° Par obus ou bombes de tranchées.

1° Les attaques par vagues ne sont possibles que si la *direction* générale des vents est favorable. Elles sont produites par une ou plusieurs émissions de gaz successives, la durée de chacune pouvant dépasser une demi-heure.

2° Les attaques par obus ou bombes sont à craindre en principe quelles que soient les circonstances atmosphériques. Elles comportent en général soit des tirs de concentration sur des points déterminés soit des tirs de barrage.

Les points les plus exposés sont les bas-fonds, les ravins abrités du vent, les bois, où le vent est généralement faible, les batteries ou ouvrages enterrés ; en général, tous les points où les gaz peuvent séjourner.

Les projectiles qu'emploie généralement l'ennemi sont, soit lacrymogènes, soit suffocants, soit à la fois lacrymogènes et suffocants.

I

ATTAQUES PAR VAGUES DE GAZ.

A. — Indices permettant de prévoir l'attaque.

La préparation d'une attaque aux gaz par l'ennemi doit vraisemblablement comporter les opérations suivantes :

1° Création dans la tranchée de première ligne d'abris à intervalles assez réguliers ;

2° Transport jusqu'à la première ligne de bouteilles du poids de 50 à 70 kilogrammes environ.

3° Mise en place de ces bouteilles dans les abris et installation de la tuyauterie d'émission ;

4° Essais météorologiques.

L'attention des troupes des secteurs doit donc être spécialement attirée par les indices suivants :

Modification régulière et systématique des parapets ou des créneaux ; en particulier, création en un court délai de nouveaux créneaux.

Bruits anormaux de camions automobiles au cours de la nuit aux points où l'ennemi peut amener du matériel par voitures (le poids du matériel à transporter en première ligne pour une attaque sur 1 kilomètre de front est de 40 tonnes environ).

Mouvements de longues files de porteurs dans les boyaux.

Bruits métalliques (chocs de bouteilles, de crochets de portage, de tuyaux, etc.). D'après ce qu'on connaît des méthodes de l'ennemi, ces chocs de bouteilles doivent précéder d'assez peu l'attaque par les gaz, si le vent est favorable.

Émissions accidentelles de gaz partant des tranchées ennemies et rappelant l'odeur du chlore.

Manifestations de l'ennemi, pour étudier le régime des vents : emploi de petits ballonnets à gaz, d'artifices spéciaux (fusées à chenilles, etc.).

Destruction de réservoirs à gaz par les tirs d'artillerie dirigés sur la tranchée ennemie, cette destruction étant décelée généralement par un nuage beaucoup plus intense que celui qui résulte des éclatements ordinaires.

B. — Mesures à prendre
pour gêner la préparation et l'exécution de l'attaque.

Un tir intensif d'artillerie sur les boyaux au cours du transport des appareils et sur la *tranchée de première ligne* pendant l'installation peut gêner fortement l'ennemi.

Si le vent va de nos lignes vers l'ennemi, on peut espérer lui causer les plus graves dommages, si on arrive à briser quelques-uns de ses appareils.

Si le vent vient vers nos lignes il sera prudent, pendant l'exécution des tirs, de prescrire aux troupes de première ligne de mettre leurs appareils de protection, les gaz s'échappant des bouteilles brisées pouvant venir sur nos tranchées,

ou bien l'ennemi jugeant nécessaire d'ouvrir prématurément
les robinets des appareils pour se débarrasser au plus vite du
matériel dangereux installé par lui.

C. — Mesures de protection en prévision de l'attaque.

Que les indices énumérés ci-dessus aient été perçus ou non,
si les conditions atmosphériques sont favorables à une émission de gaz par l'ennemi, les mesures suivantes seront prises :

Les guetteurs sont doublés par des hommes au courant des
manœuvres à faire en cas d'émission de gaz par l'ennemi et
des signes précurseurs d'une attaque. L'un des deux guetteurs,
à tour de rôle, aura en permanence son appareil de protection en place.

Des veilleurs doubles, munis à tour de rôle de leur masque,
doivent se tenir à proximité des abris où dorment des
hommes, et ont la consigne, en cas d'alerte, de fermer les
issues des abris et de réveiller rapidement les dormeurs.

Des hommes sont spécialement désignés pour allumer les
feux de barrage, si on en a préparé.

Tous les hommes, dans la tranchée ou dans les abris, même
les dormeurs, doivent porter leur appareil de protection en
position d'attente. D'ailleurs, il conviendra de réveiller tout
le monde une heure au moins avant le jour.

D. — Mesures à prendre au moment de l'attaque.

Le commencement de l'émission gazeuse peut être précédé
d'une préparation d'artillerie, qui n'est d'ailleurs pas un
indice certain d'une attaque de ce genre. La surprise étant en
effet une des conditions essentielles de la réussite de l'attaque
par vagues, l'ennemi paraît ne devoir manifester aucune
activité particulière avant l'emploi des gaz. Quand il y aura
eu préparation d'artillerie, une attaque d'infanterie derrière
la vague sera à craindre.

L'émission sera probablement *immédiatement précédée*, ou
accompagnée, des manifestations suivantes :

Immédiatement avant l'émission :

1° Symptômes d'agitation dans les lignes adverses, chan-
gements de place de sacs à terre sur le parapet, etc.;

2° Signaux lumineux spéciaux (indice peu certain, la
tactique pouvant changer).

Au moment précis du début de l'émission :

1° Quelquefois, ronflement analogue à un ronflement de moteur;

2° Aussitôt après, et *dès que commence* l'émission des gaz, sifflement plus ou moins intense sur toute la première ligne ennemie, analogue à celui que produit un jet de vapeur s'échappant d'une chaudière;

3° *De jour*, la vague peut former un nuage plus ou moins opaque qui aide à percevoir le commencement de l'émission (Cet indice n'est pas certain, surtout par temps sec).

De nuit, les signaux lumineux, le ronflement, et ensuite, le sifflement des gaz, seront les seuls indices perceptibles.

Les manifestations 2° et 3° se produisent les dernières; elles sont les plus caractéristiques. *Dès qu'on entend le sifflement on peut être certain que l'émission est commencée.*

Au moment de l'attaque, c'est le devoir impérieux de tous, guetteurs, gradés, officiers du commandement à tous les échelons, de donner *immédiatement l'alarme* aux troupes de la tranchée et aux troupes en arrière. Il est prudent d'alerter les troupes sur une profondeur d'une dizaine de kilomètres.

Les moyens de signalisation à employer sont, dans l'ordre d'efficacité décroissante :

1° Les signaux *acoustiques*, trompes et sirènes à air comprimé, cloches, klaxons, sonneries;

2° Les signaux *optiques*, fusées, etc.;

3° Les *téléphones*. Ce moyen de communication est souvent assez lent, mais doit être employé cependant pour confirmer les autres signaux et indiquer, le cas échéant, au commandement et à l'artillerie la zone d'émission des gaz.

Les règles d'emploi de ces différents signaux sont déterminées par le commandement.

Dès que l'alerte est donnée, les hommes de garde, ou de faction près des abris, déjà munis de leurs masques, font fonctionner les signaux d'alarme, réveillent les dormeurs. Tous les autres mettent immédiatement leurs appareils de protection sans attendre d'ordres et chacun se rend au poste qui lui est fixé par les consignes du secteur. Les hommes que leur service n'appelle pas dans la tranchée et qui restent dans les abris, en parachèvent la fermeture, et mettent en œuvre les pulvérisateurs, d'abord pour mouiller les toiles d'obturation, puis pour neutraliser les infiltrations de gaz au fur et à mesure qu'elles se produisent, en évitant le gaspillage pour ne pas être pris au dépourvu ultérieurement.

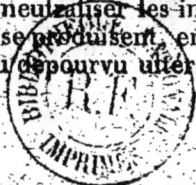

Les hommes désignés d'avance allument les contre-feux de barrage et les entretiennent.

Tout mouvement rapide vers l'arrière risquerait d'essouffler les hommes, de les maintenir plus longtemps dans l'atmosphère infectée et d'augmenter ainsi leurs risques d'asphyxie.

Au cours de l'attaque, des mesures spéciales devront être prises pour signaler à temps toute attaque ennemie tendant à déboucher derrière la vague, ou pour découvrir les patrouilles ennemies qui chercheraient à détruire les réseaux au cours de l'émission.

Il n'y a pas lieu d'attendre grand effet des tirs d'artillerie ou du lancement des bombes et des grenades, pour dissocier la vague; mais ces feux dirigés sur la tranchée de première ligne de l'ennemi peuvent détruire ses organisations et gêner beaucoup l'émission.

E. — Mesures à prendre après l'émission des gaz.

L'attaque par vague comportant généralement plusieurs émissions successives, il est *essentiel* que les hommes ne quittent pas *trop tôt* leurs masques.

Après la cessation de la première émission, *il est interdit d'enlever* les appareils de protection, cette émission pouvant n'être que la première d'une série. Si une attaque d'infanterie ne se produit pas, il faut s'attendre à ce moment à l'envoi d'une deuxième vague, puis d'une troisième, etc.

Toutefois, si la deuxième vague tarde trop à se produire (plus d'un quart d'heure) et que la première ait duré très longtemps (trois quarts d'heure à une heure) il est possible que l'émission soit terminée.

Dès qu'on pourra supposer que l'émission est achevée, ou après l'attaque d'infanterie, si celle-ci a eu lieu, on prendra les mesures suivantes :

Assainir, au moyen des pulvérisateurs, d'abord les abris et ensuite les tranchées, boyaux, etc.

Allumer des feux dans les parties profondes des tranchées et dans les abris pour en faciliter l'assainissement.

Conserver en place les appareils de protection jusqu'à ce que l'atmosphère des abris ou des tranchées soit assainie, ce qu'on constatera en versant une ou deux gouttes d'ammoniaque dans le creux de la main : celles-ci produiront des fumées blanchâtres s'il reste encore du chlore en quantité appréciable dans l'air ambiant. Cet essai devra être fait par l'officier commandant, et les masques ne seront enlevés que sur l'ordre de celui-ci; les appareils de protection devront néanmoins être gardés en position d'attente pendant quelques heures. Il est prudent d'ailleurs avant d'enlever les masques, de battre et de secouer les vêtements, qui peuvent emmagasiner une quantité suffisante de chlore pour amener au moins quelques troubles passagers. A défaut d'ammoniaque il suffit qu'un gradé soulève son masque pendant quelques secondes; il s'apercevra immédiatement si l'atmosphère est encore nocive. Faite rapidement, cette manœuvre n'offre pas de danger.

Au cours de la nuit qui suivra l'émission et pour gêner l'enlèvement du matériel, l'artillerie pourra, si des mouvements sont signalés, tirer avantageusement sur les principaux boyaux d'accès à la première ligne.

Les appareils ayant servi à la protection des hommes devront être remplacés aussitôt que possible; une visite générale de tous les engins ou dispositifs de protection sera passée pour permettre une remise en état rapide du matériel et des approvisionnements.

II

ATTAQUES PAR OBUS.

Indépendamment des effets immédiats qu'ils peuvent produire, les obus ou bombes à gaz sont reconnaissables au fait que leur explosion est beaucoup moins violente que celle d'obus ou bombes de même calibre chargés en explosifs.

Les nuages qu'ils produisent à l'éclatement sont également plus lourds que ceux des projectiles ordinaires; et de couleurs différentes. Ils traînent plus facilement sur le sol. Leur apparence peut d'ailleurs varier beaucoup suivant la nature des produits employés par l'ennemi et de l'explosif contenu dans les ogives.

Dès qu'un tir d'obus à gaz commence, les hommes doivent immédiatement mettre leurs appareils de protection : lunettes et *masques*; les gaz lacrymogènes, s'ils ne sont qu'irritants à petite dose et en atmosphère de faible teneur, peuvent, en effet, devenir nettement suffocants à forte dose ou dans une atmosphère confinée; d'autre part, des obus uniquement suffocants peuvent être tirés en même temps que des obus lacrymogènes.

Pendant le bombardement, les abris seront protégés contre l'invasion des gaz comme il est dit plus haut.

Il est inutile d'allumer des feux de barrage.

Les pulvérisations sont inutiles contre la grande majorité des gaz provenant des obus.

Après la cessation du tir, on procédera au nettoyage des tranchées comme après une vague. Il y aura lieu, en outre, de recouvrir de terre les entonnoirs ou les débris d'engins émettant encore des vapeurs. Des feux pourront aussi être avantageusement allumés dans les points bas où les gaz se seront accumulés.

ÉVACUATIONS.

1° Dès qu'une attaque par les gaz est signalée, mettre en œuvre immédiatement tous les moyens d'évacuation dont on dispose dans les G. B. D., les G. B. C., et les sections sanitaires automobiles.

2° Constituer des équipes nombreuses de brancardiers, revêtus de leurs engins de protection pour rechercher et enlever rapidement dans les tranchées, les boyaux, etc., les hommes qui y sont tombés et sont voués à une mort certaine s'ils y séjournent.

Pour soustraire ces derniers à une prolongation de l'intoxication, les brancardiers devront s'assurer que les masques des hommes à transporter sont bien ajustés; si l'application en est défectueuse, ils doivent la rectifier.

Dans le même but, il est indispensable qu'ils emportent avec eux un certain lot de masques protecteurs prélevés sur les réserves de G. B. D. et de G. B. C. pour en pourvoir les malades et blessés qui, au cours de l'action, auraient perdu ou détérioré les leurs; ils les aideront à les appliquer correctement.

3° Aucun groupe de «malades légers pouvant marcher» ne sera constitué, le froid, la marche aggravant l'état de tels sujets. Tous les hommes atteints, même très légèrement, doivent être *transportés* le plus rapidement possible dans des formations sanitaires, installées à faible distance.

On évitera à tout prix les transports successifs ou trop éloignés qui peuvent amener des récidives de crises d'asphyxie et même entraîner la mort.

M. JANIN.

ANNEXE.

INSTRUCTION

SUR LE MASQUE T N.

Ce masque est formé de compresses protectrices contenues dans une enveloppe en gaze paraffinée et imprégnées de produits chimiques susceptibles de neutraliser les gaz nocifs utilisés par les Allemands.

Le masque a la forme d'un cône dont l'ouverture est destinée à encadrer le nez et la bouche.

La partie supérieure de cette ouverture comprend, cousue dans la bordure, une lame métallique souple.

L'ouverture présente un angle supérieur, un angle inférieur et deux angles latéraux. Des attaches sont cousues à ces différents angles.

Les deux angles latéraux sont réunis l'un à l'autre par une sangle en élastique munie d'une boucle qui permet d'en modifier la longueur.

A l'angle supérieur, correspondant au milieu de la lame métallique, est fixé un ruban ou lacet qui, à son extrémité, est réuni par un coulant sur l'attache en élastique qu'il prend vers son milieu.

Au voisinage de l'angle inférieur se trouvent deux lacets permettant un serrage à coulisse, et réunis soit par un élastique, soit par une rondelle de caoutchouc.

Pour utiliser l'appareil, les lunettes étant préalablement mises en place et adaptées avec soin, le masque est appliqué de la façon suivante :

1° Passer la tête dans le collier formé par les lacets de la coulisse inférieure.

2° L'angle supérieur de l'appareil est placé sur le nez, le plus haut possible sans toutefois gêner la vision; le milieu de la lame métallique correspond à la ligne médiane du nez.

3° L'élastique est ramené *derrière* la tête, passant *au-dessous* des oreilles, et attiré le plus bas possible, après que la longueur en a été réglée conformément aux dimensions de la tête du sujet au moyen du coulant métallique, de façon à être bien tenu.

4° Le lacet qui se détache de l'angle supérieur de l'appareil est passé *par dessus* le sommet de la tête, suivant bien exactement la ligne médiane; il est essentiel qu'il longe bien le milieu du front, de façon à ne pas empiéter sur le champ visuel de l'un des yeux. Il faut veiller à ce que son extrémité postérieure formant coulant corresponde bien exactement en arrière de la ligne médiane.

5° L'angle inférieur de l'appareil est ramené le plus *en arrière* possible du menton.

6° Le collier formé par les deux lacets de la coulisse inférieure est ramené sur le sommet du crâne. La coulisse est serrée sous le menton. *Ce serrage est une condition essentielle de l'étanchéité de l'appareil.*

7° La lame métallique malléable est modelée sur les parties osseuses du nez (et non sur les ailes) et sur les parties avoisinantes des joues, de façon à déterminer à ce niveau une adaptation parfaite.

Il est très important que les hommes soient exercés fréquemment à la mise en place de leurs appareils de protection, de façon à pouvoir, le cas échéant, s'en munir très rapidement; l'adaptation des appareils doit pouvoir être faite tout à fait correctement en quelques secondes, ce qui ne peut être réalisé que grâce à une instruction préalable très fréquemment renouvelée.

Remarque importante. — Les masques Tambuté ne doivent jamais être trempés dans l'eau ni dans tout autre liquide.

INSTRUCTION

AU SUJET

DE L'ADAPTATION D'UNE RONDELLE DE CAOUTCHOUC

AUX LACETS DE SERRAGE DU MASQUE T N.

La rondelle de caoutchouc est destinée à assurer un serrage automatique aux lacets permettant le serrage à coulisse et émergeant de chaque côté de l'angle inférieur du masque. Elle permet, en outre, la suppression des deux lacets fixés de chaque côté du masque à côté des boucles de l'élastique.

Le montage de la rondelle s'effectue de la façon suivante :

Fixer à l'anneau de caoutchouc par un nœud simple chacun des deux lacets en lui laissant une longueur de o m. 20 environ à partir de son point d'émergence du casque.

Faire pour chaque homme l'ajustage individuel suivant :

Passer la tête dans le collier formé par les deux liens de la coulisse et l'anneau de caoutchouc ainsi réunis. Prendre le masque de la main gauche et l'appuyer sur le visage de manière à y comprendre le menton et le nez. Prendre de la main droite le milieu de l'élastique sur lequel se trouve la boucle du lien médian ; ramener le tout en arrière de la tête.

Passer un doigt de chaque main dans la boucle de caoutchouc pour la tendre et la ramener de manière à la placer sur le sommet de la tête. *Serrer la coulisse sous le menton.*

Le masque doit ainsi être adhérent et les lacets de la coulisse bien tendus sans exagération.

Si cette tension est bonne, assujettir solidement les deux liens sur la boucle de caoutchouc par un double nœud solide.

Dans le cas où elle serait insuffisante, raccourcir les deux lacets ; dans le cas contraire, les allonger, en ayant soin de maintenir pour chacun d'eux une longueur égale de façon que la bague de caoutchouc soit sur le sommet de la tête une fois le masque mis en place.

Vérifier à nouveau l'ajustage et recommencer les essais d'application jusqu'à adaptation parfaite.

INSTRUCTION

POUR

L'EMPLOI DU CRAYON ANTI-BUÉE.

1° Dégager l'extrémité du crayon de son enveloppe de papier d'étain sur une très faible longueur;

2° Si les plaques translucides des lunettes sont sales, les nettoyer avec un linge sec;

3° Frotter légèrement la surface intérieure des plaques translucides (celle qui est tournée du côté de l'œil) avec le crayon;

4° Bien étaler avec l'extrémité du doigt le produit ainsi déposé sur les lames;

5° Frotter avec un linge sec, en enlevant ainsi toute trace apparente de crayon, jusqu'à ce que la surface ait recouvré son aspect brillant.

Remarque.

Quand le produit est bien appliqué, la buée ne se dépose pas sur les plaques translucides, ou ne se dépose qu'en grosses gouttes ou en nappe liquide qui ne gênent pas sensiblement la vision.

Lorsque les lunettes auront été utilisées dans ces conditions, nettoyer les plaques translucides avec un linge sec et les préparer à nouveau en procédant comme ci-dessus.

INSTRUCTION

POUR

L'EMPLOI DU MASQUE M 2.

Manière de placer le masque. — Le masque M 2 assure à la fois la protection des yeux et des voies respiratoires.

Il s'adapte à toutes les têtes, quelles qu'en soient les dimensions, et peut être facilement placé, et fixé, grâce à un jeu d'élastiques solidaires les uns des autres et se plaçant sur et derrière la tête.

La mise en place se fait de la façon suivante :

Saisir le masque par l'élastique postérieur, le déplisser, et faire bailler le plus possible en y introduisant la main, la poche formée par la partie inférieure de l'appareil.

Saisir l'élastique postérieur des deux mains, en plaçant de chaque côté de la ligne médiane les 4 derniers doigts recourbés en crochet ; tendre fortement l'élastique ; infléchir la tête en arrière ; introduire le menton dans le masque, le bord postérieur de celui-ci étant appliqué le plus en arrière possible au contact du cou ; fléchir ensuite la tête en avant, et passer en même temps l'élastique maintenu allongé par les doigts le plus en arrière et en bas possible, de façon que le ruban médian soit bien tendu et exerce une forte traction sur la partie du masque qui est en contact avec le front. (Ce ruban a été calculé pour les têtes de grande dimension ; s'il est trop long pour qu'il soit bien tendu, on le réglera aux dimensions de la tête en le raccourcissant au moyen de l'épingle de nourrice qui y est fixée, ou par une couture faite au point convenable).

Vérifier en y passant les doigts, que les bords latéraux et la partie inférieure du masque soient bien appliqués sur les joues et sous le menton.

OBSERVATIONS.

a) La substance translucide pour cet appareil *ne prend pas la buée*, il n'y a donc pas lieu d'utiliser de substance antibuée.

b) Les masques M 2 sont munis soit d'une plaque unique de

substance translucide pour les deux yeux, soit de deux viseurs séparés.

La façon de plier l'appareil pour l'introduire dans la boîte métallique où il doit toujours être conservé lorsqu'il n'est pas utilisé es' différente pour les deux types :

L'appareil à viseur unique doit être plié en deux suivant un axe *transversal* passant par son milieu et parallèle au bord inférieur de la plaque translucide, la face extérieure de la plaque restant à l'extérieur.

L'appareil à deux viseurs doit être plié en deux suivant un axe longitudinal passant entre ces deux viseurs, leur face extérieure restant à l'extérieur.

c) Les appareils à deux viseurs sont munis pour chacun de ceux-ci de deux plaques translucides, l'une en verre, l'autre en une substance sertie dans un cercle de métal (il serait avantageux, lorsque les disponibilités le permettront, que les masques soient livrés avec des plaques de rechange). Le verre a surtout pour objet de protéger la lame sertie de métal contre les frottements ou souillures qui en altéreraient la translucidité, il doit être placé extérieurement.

Au bout d'un temps assez long, dépassant en général, aux températures ordinaires, 3o à 45 minutes, il peut se faire qu'il se dépose de la buée sur la face interne du verre. Si l'on peut prévoir que le masque devra être porté un temps assez long, ou si la température est basse (au voisinage de o°) il y a avantage, pour l'usage, à enlever les plaques de verre si la sertissure de la rondelle de substance translucide présente une résistance suffisante.

d) Il est très important que les appareils soient fréquemment examinés par les officiers, et que ceux-ci portent particulièrement leur attention sur le bon état des lames translucides. Toute lame fissurée ou percée devra être immédiatement remplacée dans les appareils à viseurs séparés ; des oculaires de rechange sont livrés à cet effet avec les appareils ; s'il s'agit d'un appareil à plaque translucide unique le masque devra être remplacé et renvoyé à l'arrière pour réparation.

e) La durée de protection assurée par le masque M 2 peut atteindre plusieurs heures. Néanmoins, il sera bon que tout appareil ayant été effectivement utilisé dans les gaz suffocants pendant une durée dépassant deux ou trois heures, soit remplacé ou ne soit maintenu en service, qu'après vérification de la conservation de ses qualités protectrices.

f) Le port de la barbe rend la bonne application des appareils de protection difficile, pour le masque M 2 comme pour tous les autres appareils. Il est donc avantageux que la barbe soit très courte et rasée sur les joues et sous le menton.

NOTICE

L'EMPLOI DE L'APPAREIL TYPE DRAEGER.

L'appareil se compose d'une bouteille d'oxygène, d'un sac respiratoire, d'une cartouche de potasse, d'un tube flexible portant à son extrémité libre une embouchure en caoutchouc. La bouteille d'oxygène, le sac respiratoire et la cartouche de potasse sont réunis par des raccords métalliques.

Chaque appareil est livré avec 2 bouteilles et 2 cartouches de rechange et une clef permettant la mise en place de ces bouteilles.

MODE D'EMPLOI DE L'APPAREIL.

L'appareil repose sur la poitrine suspendu par une courroie qui fait le tour du cou ; une autre courroie passant sous les bras fixe l'appareil au corps.

L'homme respire par la bouche ; les narines sont fermées par un pince-nez.

Pour la mise en marche de l'appareil, il faut :

1° Fermer hermétiquement les narines avec le pince-nez.

2° Placer l'embouchure en caoutchouc à l'intérieur de la bouche entre les lèvres et les dents. On a pris soin au moment de l'équipement de régler la courroie du cou de manière que l'embouchure se présente bien à hauteur de la bouche.

3° Ouvrir lentement le robinet de la bouteille d'oxygène et le refermer aussitôt que le sac est à peu près gonflé entièrement. *Il faut se méfier de l'ouverture trop brusque du robinet ; lorsque le robinet est trop dur à ouvrir au début, on ne doit forcer pour l'ouvrir qu'avec l'embouchure sortie de la bouche.*

L'appareil fonctionne à partir de ce moment.

Lorsque la provision d'oxygène du sac est épuisée, on ouvre une seconde fois le robinet de la bouteille pour remplir à nouveau le sac respiratoire : on doit répéter cette opération toutes les fois que le sac s'est vidé.

Pendant le fonctionnement de l'appareil, l'air expiré se débarrasse de son gaz carbonique dans la cartouche et l'homme puise à chaque inspiration une quantité d'oxygène pur du sac respiratoire.

RECOMMANDATIONS IMPORTANTES.

Il faut éviter l'action de l'air extérieur sur la potasse de la cartouche; pour cela, il faut laisser en place le bouchon qui ferme le raccord supérieur; on ne doit enlever ce bouchon qu'au moment de l'emploi de l'appareil pour fixer de suite sur le raccord le tube flexible qui porte l'embouchure.

Il est formellement interdit de mettre aucune substance grasse, huile, graisse ou vaseline, sur les pas de vis et raccords de la bouteille d'oxygène ainsi que sur tous les autres raccords de l'appareil.

Contrôle de l'emploi des appareils Draeger.

Les mesures suivantes ont été mises en exécution pour réaliser un dispositif empêchant les hommes de faire usage des appareils Draeger sans raison :

1° Les robinets de toutes les bouteilles des appareils et de toutes les bouteilles de rechange sont munis d'un capuchon cylindrique en fer-blanc, portant une échancrure dans laquelle vient se loger le raccord de remplissage de la bouteille. Les extrémités de la partie échancrée sont percées d'un trou pour le passage d'un petit fil de fer souple qui est plombé après ligature.

Dès que ce capuchon est mis en place et plombé, il est impossible de toucher au volant de manœuvre du robinet de la bouteille.

2° Il est placé, sur les bouchons des cartouches en construction, une bande de garantie soudée qui empêchera tout dévissage des bouchons sans détérioration visible de la bande de garantie.

3° Les embouchures en caoutchouc des appareils sont enveloppées d'un sac en papier de cellulose écru ficelé et plombé, qu'il faut déchirer avant l'usage. Celui qui utilise un appareil muni de son sac de protection a ainsi la certitude que l'embouchure n'a pas été souillée par d'autres personnes qui ont pu se servir de l'embouchure avant lui.

NOTICE

SUR

L'EMPLOI DE L'APPAREIL À OXYLITHE.

L'appareil respiratoire à oxylithe est basé sur la propriété que présente le produit « Oxylithe » granulé d'absorber tous les produits nuisibles de l'air vicié par la respiration et de les remplacer par de l'oxygène pur. Cette propriété permet donc de respirer indéfiniment le même air.

MODE D'EMPLOI DE L'APPAREIL.

L'appareil se porte sur la poitrine suspendu par une courroie qui fait le tour du cou.

La courroie du cou doit être réglée de manière que l'embouchure soit bien à la hauteur de la bouche.

Pour la mise en route, faire successivement les opérations suivantes :

1° Mettre en place les lunettes à fumée.

2° Enlever le bouton qui ferme l'embouchure.

3° Souffler dans l'embouchure jusqu'à ce que le sac respiratoire soit bien gonflé.

4° Placer l'embouchure en caoutchouc à l'intérieur de la bouche entre les lèvres et les dents.

5° Bien boucher les narines avec le pince-nez à crémaillère en le serrant entre le pouce et l'index.

6° Le robinet placé sur le raccord du sac doit, en marche normale, être fermé.

Il y a lieu de l'ouvrir dans deux cas :

a) Lorsque, par suite d'un excès de production d'oxygène, la poche s'emplirait exagérément.

b) Lorsque, quoique la poche ne soit pas exagérément remplie, la respiration serait néanmoins difficile.

L'appareil ne fonctionne que pendant une demi-heure.

RECOMMANDATIONS IMPORTANTES.

Il faut rester au repos pendant quelques minutes au début pour la mise en marche de l'appareil jusqu'à ce qu'un échauffement sensible de l'appareil se produise et ensuite ne pas faire de travail excessif.

L'appareil doit toujours rester bien clos ; lorsqu'il est resté ouvert un certain temps, il ne peut plus être utilisé.

Il est interdit de mettre aucune substance grasse, huile, graisse ou vaseline sur les raccords de l'appareil.